蝴蝶朵朵

幸佳慧 文

陳潔晧 · 徐思寧 圖

朵朵是個快樂的孩子，

她喜歡盪鞦韆，也喜歡看蝴蝶飛舞。

直到有一天……

天空暗了，烏雲、閃電、暴風雨通通來了，

她的翅膀溼答答的，一時飛不起來了……

「你看，那裡有蝴蝶。」媽媽說。
「哇，一朵又一朵的蝴蝶，好漂亮！」小女孩說。

小女孩說，蝴蝶是長在天上的花朵，
要用一朵一朵來數，「朵朵的蝴蝶飛飛飛！」
她喜歡拉著裙角和漫天的花朵飛舞。

後來，大家都叫她「朵朵」。

隔壁的爺爺會和她分享水果軟糖。
公園的奶奶織了一隻長耳兔子送她。
市場的叔叔會拉著她的雙手轉圈圈。
鄰居的阿姨們喜歡在她臉上親吻、用毛毛蟲
小手和她玩。

即使朵朵生下來就沒見過爸爸， 但有很多人
疼愛她， 社區裡處處是朵朵鈴鐺般的笑聲，
和她活潑的身影。

放假時，市場叔叔會開車帶他們出去玩。
「媽媽現在沒有工作，叔叔會照顧我們。
朵朵喜歡叔叔嗎？」媽媽問朵朵。

「喜ㄒㄧˇ歡ㄏㄨㄢ！小ㄒㄧㄠˇ兔ㄊㄨˋ子ㄗˇ也ㄧㄝˇ喜ㄒㄧˇ歡ㄏㄨㄢ。」
後ㄏㄡˋ來ㄌㄞˊ，媽ㄇㄚ媽ㄇㄚ跟ㄍㄣ朵ㄉㄨㄛˇ朵ㄉㄨㄛˇ搬ㄅㄢ到ㄉㄠˋ叔ㄕㄨ叔ㄕㄨˊ的ㄉㄜ家ㄐㄧㄚ住ㄓㄨˋ。

叔叔會買漂亮衣服和草莓蛋糕給朵朵。
朵朵好喜歡在空中飛舞，一圈轉過一圈
再降落到叔叔的膝蓋上。

「朵朵比蝴蝶還漂亮一百倍！朵朵比
公主還寶貝一千倍！」叔叔常這麼說。

「叔叔對朵朵真好，以後可以
當朵朵的爸爸，我們就像快樂的
一家人。」媽媽說。

「我喜歡當蝴蝶公主，也喜歡不用
投錢幣就會開動的飛車叔叔。」
朵朵說。

有一陣子，叔叔經常喝酒
喝到半夜才回家，
要是隔天早上他不舒服，
就叫媽媽先去擺攤做生意。

「有蝴蝶公主在家陪我，頭痛
很快就好了。看小蝴蝶飛高高，
叔叔就有精神了。」

每當朵朵飛得一身都是汗時，
叔叔會幫她換衣服。
叔叔說他要努力賺錢，買更多
蝴蝶衣裳給朵朵。

朵朵覺得自己是蝴蝶公主，
好幸福。

可ㄎㄜˇ是ㄕˋ， 沒ㄇㄟˊ多ㄉㄨㄛ久ㄐㄧㄡˇ， 朵ㄉㄨㄛ朵ㄉㄨㄛ卻ㄑㄩㄝˋ開ㄎㄞ始ㄕˇ作ㄗㄨㄛˋ惡ㄜˋ夢ㄇㄥˋ， 她ㄊㄚ夢ㄇㄥˋ到ㄉㄠˋ
衣ㄧ櫥ㄔㄨˊ裡ㄌㄧˇ的ㄉㄜ蝴ㄏㄨˊ蝶ㄉㄧㄝˊ， 一ㄧ朵ㄉㄨㄛ接ㄐㄧㄝ一ㄧ朵ㄉㄨㄛ的ㄉㄜ
飛ㄈㄟ走ㄗㄡˇ了ㄌㄜ 。

她的床溼了。可是，
她不敢跟媽媽說。

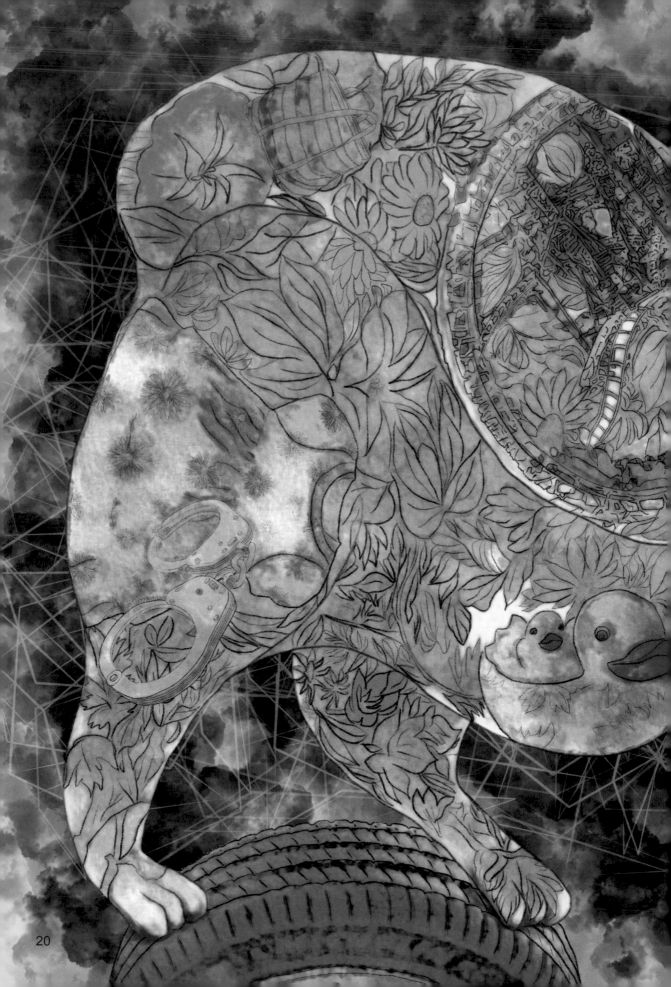

朵朵經常在三更半夜
尖叫醒來，偷走蝴蝶的怪獸
也到夢裡追她，她的臉溼了。
可是，她不敢跟媽媽說。

天一亮，朵朵就吵著要和媽媽一起出門。
只是，不管到哪裡，怪獸還是找得到她。

爺爺給她糖果，她不拿。
阿姨對她哈癢，她不笑。
只有奶奶給她的小兔子，朵朵連睡覺都緊緊抱著不放。

有一天，她小聲跟奶奶說：「小兔子想穿衣服。」

後來，朵朵常說肚子痛，
也不再拉著裙角跟著蝴蝶
飛舞了。
媽媽帶朵朵去看醫生，也到廟裡
收驚，還帶朵朵到公園玩。可是，
朵朵只把雙腳埋進沙堆裡。

有一天，媽媽在家裡陪肚子痛的朵朵。

「媽媽最近工作好累，今天想當小兔子，在你懷裡好好休息。我好羨慕小兔子可以一直陪著你。」

「謝謝你保護我，」媽媽用小兔子的聲音說：「我最要好的朋友就是朵朵了。只有你知道我愛吃紅蘿蔔，愛和烏龜賽跑，也愛在樹下打瞌睡。你知道我所有祕密，我最愛你了。」

「我也愛小兔子！ 我們是最好的
朋友， 永遠不要分開喔。」

「嗯， 好朋友要分享祕密。 你有祕密
要告訴我嗎？」

「但你不可以跟別人說， 打勾勾。」

「好， 打勾勾， 小兔子不會跟別人說。」

媽媽去上班時，叔叔會陪我玩。他說，他是喜歡捉蝴蝶的小熊。我們在森林裡跑得滿身是汗。叔叔說，流汗的小朋友要趕快洗澡、換衣服，不然會感冒。

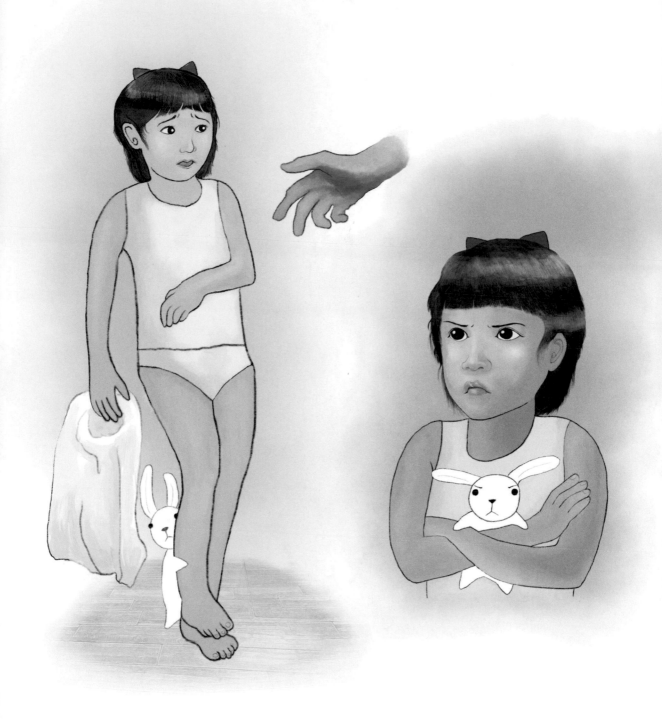

洗澡的時候，叔叔對我哈癢。 剛開始， 我笑得扭來扭去。 可是， 後來他摸我身體其他的地方， 我覺得很奇怪也不喜歡。 我生氣了， 叔叔就帶我去買蛋糕和衣服。

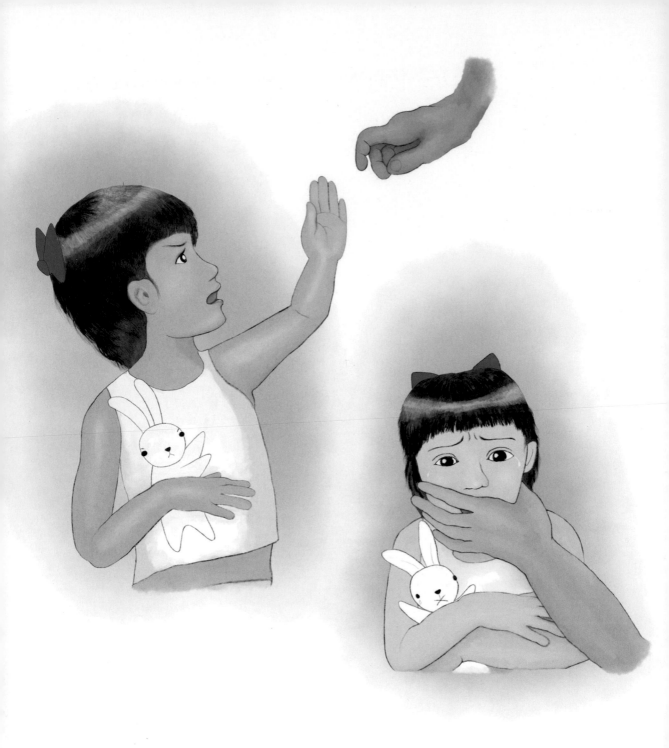

有ᵢ一ᵢ次ᵔ， 我ᵚ們ᵢ又ᵔ玩ᵚ小ᵢ熊ᵢ捉ᵚ蝴ᵚ蝶ᵢ的ᵢ遊ᵔ戲ᵢ， 小ᵢ熊ᵢ
說ᵚ他ᵔ身ᵖ體ᵔ癢ᵔ， 要ᵔ蝴ᵚ蝶ᵢ幫ᵔ他ᵔ抓ᵚ癢ᵔ。 然ᵖ後ᵔ， 叔ᵖ叔ᵖ
說ᵚ要ᵔ跟ᵍ蝴ᵚ蝶ᵢ一ᵢ起ᵔ洗ᵢ澡ᵔ。 他ᵔ叫ᵔ我ᵚ摸ᵢ他ᵔ的ᵢ身ᵖ體ᵔ，
我ᵚ不ᵚ要ᵔ。 他ᵔ摸ᵢ我ᵚ的ᵢ身ᵖ體ᵔ時ᵔ， 我ᵚ害ᵔ怕ᵔ得ᵢ尖ᵢ叫ᵔ。

叔叔突然好兇的叫我不可以哭，　也不可以跟媽媽說。　他要我乖乖聽話，　他會買更多東西給我。　他還說，　媽媽偷了客人的錢。　如果我把遊戲的事情告訴別人，　他就叫警察來抓走媽媽。

小兔子，　我不喜歡和叔叔在一起，　我好害怕，但我不能跟媽媽說，　我該怎麼辦？

「喔，朵朵，我好高興你告訴我這個祕密。」小兔子的聲音抖得好厲害。

「隔壁的哥哥說，怪獸會在半夜出來把不聽話的孩子吃掉，最近有怪獸一直咬我的肚子。小兔子，我是不是做錯事？我不要媽媽被抓走，我不要叔叔當我的爸爸。」朵朵哭了起來。

「朵朵沒有做錯任何事。我們會一起想辦法趕走大怪獸。」

媽媽像一顆厚厚的繭緊緊包住朵朵。
等朵朵睡著後，媽媽就抱著她跟小兔子到公園奶奶的家。

那一天，回到家的叔叔像一座爆發的火山。

「小孩子的話你也信……」

「我只是在逗她玩……」

「我好心幫她洗澡……」

「是又怎樣？ 要不是我，你們母女能吃好的、穿好的嗎？」

後來，警察來了。

他們抓走的，不是媽媽。

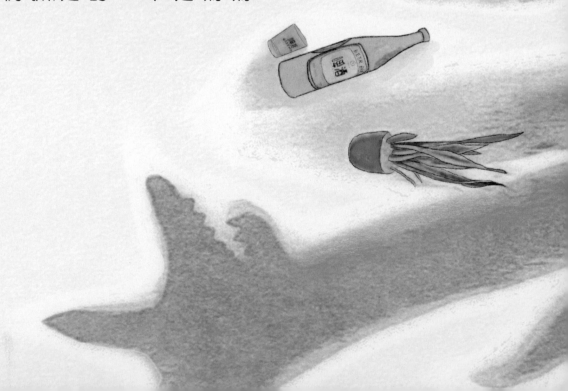

在公園奶奶家的朵朵，一張開眼睛就看見小兔子對她微笑。

「哈囉，小兔子！」

「哈囉，朵朵，你剛剛睡了好長好長的一覺，長得毛毛蟲都要變成蝴蝶了。你知道嗎？在公園奶奶陪你睡覺時，我跟媽媽一起去抓怪獸喔。」

「真的嗎？」

「媽媽要我跟你說， 她很難過她沒有好好保護你， 才讓你被叔叔欺負。 做錯事的是叔叔， 不是你。 世界上沒有吃小孩的怪獸，但有欺負小孩的怪獸。 警察剛剛已經把怪獸叔叔抓走了。」

「那媽媽也會被抓走嗎？」

「不會，媽媽沒有偷錢，
是叔叔騙你的。警察還說要
謝謝朵朵幫了大忙！」

「我幫了大忙？」

「因為你把祕密說出來，
怪獸叔叔就沒辦法控制你了。
你好勇敢。」

「是小兔子幫我變勇敢的。」

「朵ㄉㄨㄛˇ朵ㄉㄨㄛˇ、 小ㄒㄧㄠˇ兔ㄊㄨˋ子ㄗ˙跟ㄍㄣ媽ㄇㄚ媽ㄇㄚ˙是ㄕˋ彼ㄅㄧˇ此ㄘˇ幫ㄅㄤ助ㄓㄨˋ的ㄉㄜ˙三ㄙㄢ劍ㄐㄧㄢˋ客ㄎㄜˋ啊ㄚ˙。 接ㄐㄧㄝ下ㄒㄧㄚˋ來ㄌㄞˊ， 勇ㄩㄥˇ敢ㄍㄢˇ的ㄉㄜ˙三ㄙㄢ劍ㄐㄧㄢˋ客ㄎㄜˋ還ㄏㄞˊ有ㄧㄡˇ個ㄍㄜˋ超ㄔㄠ級ㄐㄧˊ任ㄖㄣˋ務ㄨˋ要ㄧㄠˋ完ㄨㄢˊ成ㄔㄥˊ喔ㄛ！」

「什ㄕㄣˊ麼ㄇㄜ˙超ㄔㄠ級ㄐㄧˊ任ㄖㄣˋ務ㄨˋ？」

「就ㄐㄧㄡˋ是ㄕˋ一ㄧˋ起ㄑㄧˇ把ㄅㄚˇ你ㄋㄧˇ最ㄗㄨㄟˋ愛ㄞˋ的ㄉㄜ˙蝴ㄏㄨˊ蝶ㄉㄧㄝˊ， 一ㄧˋ朵ㄉㄨㄛˇ一ㄧˋ朵ㄉㄨㄛˇ的ㄉㄜ˙找ㄓㄠˇ回ㄏㄨㄟˊ來ㄌㄞˊ啊ㄚ！」

朵ㄉㄨㄛˇ朵ㄉㄨㄛˇ點ㄉㄧㄢˇ頭ㄊㄡˊ笑ㄒㄧㄠˋ了ㄌㄜ˙。

朵ㄉㄨㄛˇ朵ㄉㄨㄛˇ嘴ㄗㄨㄟˇ角ㄐㄧㄠˇ上ㄕㄤˋ的ㄉㄜ˙小ㄒㄧㄠˇ蝴ㄏㄨˊ蝶ㄉㄧㄝˊ張ㄓㄤ開ㄎㄞ翅ㄔˋ膀ㄅㄤˇ、慢ㄇㄢˋ慢ㄇㄢˋ起ㄑㄧˇ飛ㄈㄟ了ㄌㄜ˙。

朵朵遇上大風暴，大雨打溼她的一對小翅膀。

每個人都有翅膀，
每對翅膀都會遇上大大小小的風暴，
有時被雨淋溼，有時受點擦傷。
但是，只要我們懂得好好愛護它們，
它們就能恢復輕盈透亮，再次展翅飛翔。

作者

幸佳慧

兒童文學作家與研究者,「台南市葫蘆巷讀冊協會」首屆理事長,金鼎獎得獎作者。出版作品:《透明的小孩》(字畝文化出版)、《掉進兔子洞》、《走進長襪皮皮的世界》、《用繪本跟孩子談重要的事》、《親子共熬一鍋故事湯》、《大鬼小鬼圖書館》、《親愛的》、《希望小提琴》、《靈魂裡的火把》等。

繪者

陳潔晧

藝術家。34 歲時發現自己童年遭受性侵的回憶,透過閱讀、書寫與創作,尋找復原方向。出版《不再沉默》述說童年經歷的許多傷痛。成立「貓獅子工作室」,推動兒童權利與創傷復原。

徐思寧

香港大學藝術學系學士,輔仁大學兒童與家庭學系碩士。曾於環保組織綠色和平及兒童藝術教育機構工作。透過兒童發展與創傷復原的知識,陪伴先生陳潔晧共尋復原之路。

貓獅子工作室:https://writetoana.blogspot.tw/

Thinking 037

蝴蝶朵朵

作　者｜幸佳慧
繪　者｜陳潔晧、徐思寧

字畝文化創意有限公司
社長兼總編輯｜馮季眉
責任編輯｜洪　絹
美術設計｜蕭雅慧

出　版｜字畝文化創意有限公司
發　行｜遠足文化事業股份有限公司(讀書共和國出版集團)
地　址｜231 新北市新店區民權路 108-2 號 9 樓
電　話｜(02)2218-1417
傳　真｜(02)8667-1065
客服信箱｜service@bookrep.com.tw
網路書店｜www.bookrep.com.tw
團體訂購請洽業務部 (02) 2218-1417 分機 1124

法律顧問｜華洋法律事務所　蘇文生律師
印　製｜中原造像股份有限公司

出版日期｜2019 年 4 月 24 日　初版一刷
　　　　　2024 年 8 月　　初版五十刷
定　價｜350 元
書　號｜XBTH0037
I S B N｜978-957-8423-76-3(精裝)

特別聲明:有關本書中的言論內容,不代表本公司／出版集團之立場與意見,文責由作者自行承擔